PRÉFACE

———

A notre époque, les ouvrages traitant les diverses manières d'employer les fers et les aciers ne sont pas rares.

Mais la plupart sont faits par de savants théoriciens qui ne donnent que des définitions au lieu de procédés pratiques, ils ne peuvent donc être compris de la majeure partie des ouvriers et par conséquent impratiquables dans nos petits ateliers.

Il faudrait afin de pouvoir s'en servir, avoir des connaissances scientifiques très étendues, jointes à la grande pratique de l'atelier. Le plus grand nombre des ouvriers de nos petites boutiques ne sont certainement pas dans ce cas, il arrive souvent qu'ils n'ont qu'une instruction très élémentaire.

Mon but, en publiant cet ouvrage est qu'il soit compréhensible à tous, Il n'y sera donc traité que des manières pratiques d'employer les fers et les aciers, suivi de quelques recettes ; je serais heureux si je puis rendre service à l'ouvrier qui se livre au travail de ces métaux,

———

C.

SOMMAIRE

INNOVATIONS MÉTALLURGIQUES

Intéressant les

HOMMES DU FER

*Forgerons, Taillandiers, Maréchaux, Mécaniciens,
Serruriers, Chaudronniers, etc.*

TRAITÉ

CONTENANT DES PROCÉDÉS PRATIQUES ET
CERTAINS, DES SECRETS ET RECETTES ÉCONOMIQUES SUR LE
FAÇONNAGE DES

FERS & ACIERS

Soudures, Trempes, Corroyages, Aciérages, Alliages,
Bronzages, Martelages, etc.

Mis à la portée de tous

PRIX : 1 FR.

TOUS DROITS RÉSERVÉS

DÉPOT

Chez M. DELPEROUX, Ingénieur

13, QUAI DE LA POISSONNERIE, TOURS

OPÉRATIONS PRATIQUES

DE SOUDURES, TREMPES, ALLIAGES

DES

FERS & ACIERS

1° — Manière de souder les Fers et les Aciers sans les chauffer à blanc.

La manière de souder les fers et les aciers sans les chauffer à blanc est appelée à rendre de grands services à tout ouvrier intelligent qui prendra les précautions nécessaires ; il est certain que l'ouvrier, tant qu'il ne sera pas familiarisé avec ces sortes de soudures pourra en manquer quelques unes.

Celui qui n'a jamais employé cette poudre, fera donc bien de commencer par souder de petites mises telles que : ciseaux, fers de varlopes, planches de Bizaiguë, etc...

En allant ainsi progressivement, il arrivera à faire des placages d'acier aux hâches, erminettes, doloires, socs de charrue et autres outils qui demandent à être aciérés à planches.

Chaque ouvrier peut voir ces beaux placages d'acier sortis de grands ateliers de taillanderie qui sont faits avec une précision telle, que l'on dirait deux minces feuilles de fer collées ensemble, comme le seraient deux feuilles de papier.

Par l'emploi de la poudre formulée plus loin, tout ouvrier quelque peu intelligent peut imiter ces placages.

Mais le grand avantage de ce procédé est non-seulement de ne pas altérer le métal, mais au contraire de le bonifier.

Pour employer cette poudre, il faut avoir soin de bien nettoyer les pièces que l'on veut souder ensemble.

Si c'est une mise, il faut faire une amorce fine et allongée. Ensuite mettre une légère couche de poudre entre les deux pièces à souder, et avoir soin de bien les ajuster, surtout sur les bords, car lans cette précaution, une partie de la poudre tomberait dans le feu et l'opération serait manquée.

Il faut aussi éviter que les pièces ne glissent pas l'une sur l'autre, étant sur le feu. Pour cela, tenir une extrémité avec des tenailles fixées par une S pendant que l'on fait chauffer l'autre. Cette extrémité étant rouge, on retire les pièces du feu sans les brusquer, et on frappe légèrement avec un petit marteau, afin d'arrêter le bout de la mise.

Après cette première opération, on sort les tenailles et on chauffe les pièces à souder à la même température, en ayant bien soin en les retirant du feu, de frapper sur les amorces les premières. Si les pièces sont d'une certaine longueur, il faut bien les ajuster afin qu'il ne soit pas nécessaire de les retoucher une fois la poudre mise entre les deux parties.

Pour éviter que le feu les fasse voiler, il faut les fixer solidement, avec plusieurs paires de tenailles que l'on sort à mesure que la soudure s'avance.

Il arrive souvent que l'on a des burins en acier fondu qui deviennent trop courts : avec ce procédé, on peut en joindre plusieurs ensemble, sans craindre qu'ils ne se séparent ni se détériorent ; au contraire, car l'acier ainsi travaillé acquiert de la résistance.

On peut aussi souder à chaude rapportée : mais pour cette soudure, on fait les amorces des deux pièces fines et plates, et on les fait chauffer à blanc. En les retirant du feu, il faut les agiter un peu, afin de faire tomber la crasse qui peut se former. On met de la poudre sur la pièce de dessous que l'on vient d'apporter sur l'enclume, puis où pose l'autre pièce dessus et on frappe légèrement et bien d'aplomb, afin que les pièces ne glissent pas l'une sur l'autre.

Mais aussi ces soudures doivent être faites avec vivacité pour que la poudre puisse se dissoudre sans remettre les pièces au feu. Il faut aussi que, en les sortant du feu on frappe légèrement sur toute la partie à souder.

Ensuite on peut frapper plus fort, remettre au feu en donnant le même degré de chaleur : on peut étirer, refouler dans tous les sens, comme si la soudure était faite en chauffant à blanc.

Je n'entrerai pas dans de plus grands détails croyant en avoir donné de suffisants, pour faire comprendre cette manière de souder, en même temps que son importance.

Je me bornerai seulement à recommander à l'ouvrier, qui pour la première fois emploiera ce procédé, de ne négliger aucune des indications précitées.

2° Manière de préparer la poudre pour souder les fers et les aciers sans les chauffer à blanc

On prépare 500 grammes de limaille de fer. Quoique tous les fers et que tous les aciers peuvent servir, on emploie de préférence le fer laminé parce qu'il est plus tendre au feu.

Il faut aussi avoir soin, avant de préparer la limaille, d'ôter la crasse adhérante au fer. Si on employait cette limaille crasseuse ou terreuse, on risquerait de manquer la soudure.

Quand la limaille est préparée, on fait calciner 250 gr. de borax ; après quoi on y ajoute 250 gr. de prussiate jaune de potasse. On pulvérise bien ensemble ces deux dernières matières, et ensuite on les mélange avec la limaille.

Les proportions de poids données ci-dessus ne sont pas d'une rigueur absolue, le plus essentiel, c'est la pureté des matières entrant dans la composition.

Mais il est aussi de toute nécessité que la poudre ainsi préparée soit bien fermée, mise en sacs pour que la limaille ne s'oxyde pas, ce qui lui ôterait toutes ses propriétés.

Il faut aussi toutes les fois que l'on veut se servir de la poudre remuer le mélange, parce que la limaille étant plus lourde que les autres matières, tend à se trier d'avec ces dernières.

3° Manière de préparer la poudre pour le corroyage de l'acier fondu

L'acier fondu ne pouvant se souder avec la terre ordinaire, on se sert de divers ingrédients dont la plupart des ouvriers se font un secret.

Les uns se servent du borax, qui est très bon, mais qui est d'un prix très élevé ; d'autres se servent de verre de bouteille, que je trouve n'avoir aucune valeur. Enfin d'autres se servent du verre de verrerie qui peut être bon, mais dont je n'ai pu faire l'essai.

Pour le corroyage de l'acier fondu, j'emploie une poudre que l'on prépare de la manière suivante :

On prend :

Une partie de silex dite pierre de fusil.

Une partie de sable bien maigre, mais de préférence celui de rivière.

Une partie de borax calciné.

Ces trois matières étant préparées, on les pulvérise séparément et quand elles sont réduites en une poussière très fine, on les mélange bien ensemble pour s'en servir.

Avec cette composition, chaque ouvrier peut corroyer l'acier fondu aussi facilement que l'acier ordinaire, ce qui est indispensable si l'on veut avoir un outil tranchant, fin et mordant.

On trouve les POUDRES formulées plus haut
TRÈS BIEN PRÉPARÉES
Chez **M. DELPEROUX**, Ingénieur
13, Quai de la Poissonnerie, 13 — TOURS
(Envoi par la poste)

4° — De la Trempe

Depuis trente ans que je travaille sur le fer et principalement sur le taillant, j'ai vu tremper de beaucoup de manières, j'ai aussi essayé beaucoup de procédés, qui ont plus ou moins bien réussi. J'ai même acheté de nombreux ouvrages traitant des différentes manières de tremper, mais ils ne sont d'aucune application pratique dans nos petits ateliers.

Donc, je me bornerai dans cet ouvrage à traiter et a recommander que les trempes reconnues bonnes et à la portée de tous les ouvriers.

La meilleure de toutes les trempes est sans contredit les trempes à l'eau avec recuit ; en donnant les couleurs qui conviennent à l'acier, soit pour la trempe, soit pour le recuit, on peut arriver à répondre de son travail.

Il est donc de toute nécessité que l'ouvrier se familiarise avec les diverses couleurs que l'on donne à l'acier pour le tremper et le recuire ; là est toute la science des bonnes trempes.

La trempe au suif est bonne pour les outils sujets à des chocs violents tels que : haches de bucherons et en général tous les outils tranchants faits en acier fondu ou en acier d'Allemagne, car, en les trempant à l'eau, ces aciers se couronnent facilement.

Beaucoup d'ouvriers prétendent qu'il n'y a que le suif de bouc qui est propre à la trempe, c'est une erreur : Le suif de mouton peut le remplacer ; je n'emploie que ce dernier, et j'arrive à d'excellents résultats.

Pour le préparer : on prend du suif brut, soit du bouc, soit du mouton, mais éviter pour les deux qu'ils soient rances ; on les fait cuire lentement en les remuant sans cesse, mais seulement le temps nécessaire pour le faire fondre.

A ce moment on le sort de dessus le feu et on le laisse ainsi pour laisser déposer les grattins au fond de la marmite; puis on les vide dans une auge en pierre ou en fonte.

Quand il est refroidi on peut s'en servir.

Si l'on veut en ajouter du nouveau, il est bon de faire refondre le tout ensemble, parce qu'en trempant il tombe des paillettes de fer, qui forment une crasse dure au fond, et finirait par empêcher l'outil d'entrer assez profondément dans le suif, et il ne serait pas complètement ou convenablement trempé.

On obtient aussi de très bons résultats, en répandant sur l'eau une légère couche de suif fondu de cette façon, l'eau étant privée d'air, elle ne se tourmente pas autant et l'outil est moins sujet à se gauchir.

L'eau salée à la dose des trempes à paquet est bonne pour la trempe des outils qui doivent être très durs. tels que : masses de carrières, marteaux, tas de cloutiers, matrices, etc... pour les outils tels que : faucilles. serpes, etc.. on emploie de l'eau de savon, parce que ces outils étant très minces. ils ne peuvent se tremper au suif, et craindraient de se casser en les trempant à l'eau claire. Mais quand on veut se servir de cette eau de savon, il faut bien la remuer pour qu'il ne reste point de bulles, ce qui empêcherait la trempe d'être régulière.

Quand on fait un outil, pour le soumettre à l'opération de la trempe, il ne faut pas le recuire, comme le font certains ouvriers pour radoucir l'acier, afin de pouvoir le limer plus facilement: Au contraire il faut battre le taillant étant tiède pour resserrer ses pores ce qui le rendra plus fin et plus mordant.

Pour éviter la déforme qui se produit ordinairement soit au feu. soit au bain: il faut, quand c'est un outil plane, bien le planer à la chasse; quand c'est un outil comme la bêche, la pioche, bien le battre avec un marteau légèrement arrondi; faire ce martelage de sorte que les coups de chaque ligne se croisent: de cette façon, on évitera beaucoup d'embarras pour le redresser et éviter sa perte, soit qu'il se casse, ou que l'on soit obligé de le recuire outre mesure.

Quand on veut chauffer un tranchant pour le tremper, il est de toute importance de faire recuire le charbon et même on peut y ajouter un peu de charbon de bois, et disposer le feu de manière que la partie à tremper chauffe entièrement à la fois.

Beaucoup de taillandiers recommandent de chauffer vivement: je constate au contraire qu'en chauffant lentement, la chaleur pénètre mieux dans l'épaisseur de la pièce, sans risquer de dépasser les degrés de chaleur qu'il convient de lui donner. Il faut éviter ce surcroît de température, car si on chauffe trop et que l'on soit obligé de laisser refroidir l'acier. il s'aigrit et le taillant n'a plus ni résistance ni mordant.

Les trempes à l'eau pure demandent une grande attention. Il faut que l'ouvrier connaisse bien l'acier qu'il emploie et l'élève à la température fixe qui lui convient, soit pour la trempe, soit pour le recuit. Mais une fois fixé, l'ouvrier n'essayera pas d'autres procédés, puisqu'il sera sûr de sa trempe, tandis qu'en changeant de principe, il peut éprouver des difficultés et quelquefois subir des pertes.

La plupart des ouvriers suivent bien ce système de trempe, mais il n'est pas rare de voir des outils servant aux mêmes usages et faits avec le même acier ne pas avoir les mêmes qualités.

Cela ne vient que de l'ouvrier qui ne tient pas assez compte de l'effet que produit sur l'acier les différences de température qu'il lui donne pour le tremper et le recuire.

5° — Couleurs à observer pour la trempe

Les couleurs à observer pour la trempe sont au nombre de trois :

1° Le rouge brun pour les aciers fondus et les taillants minces ;

2° Le rouge cerise pour toutes sortes d'aciers fins : on ne doit pas dépasser cette couleur pour toutes espèces de tranchants ;

3° Le rouge clair convient pour les grosses pièces, comme les marteaux, masses etc...

En élevant la température à un plus haut degré, l'acier deviendrait aigre et cassant.

6° — Couleurs à observer pour le recuit

Les couleurs que l'on commence à observer pour le recuit sont :

1° Jaune paille pour les outils non tranchants à battre le fer, tels que : panne de marteau etc... ;

2° Gorge de pigeon pour les outils à terre qui n'ont pas de chocs à recevoir ;

3° Violet pour les mêmes outils selon la qualité de l'acier ;

4° Pourpre pour les tranchants qui ne subissent pas de chocs, outils à main, tels que : planes, ciseaux ;

5° Bleu foncé pour les mêmes tranchants selon l'acier, ciseaux à pierre et à fer etc... ;

6° Bleu clair, tous les tranchants qui ont de forts chocs à recevoir tels que : hâches de bucherons.

7° Couleur d'eau pour les mêmes tranchants selon l'acier employé ; passé cette dernière couleur l'acier est entièrement détrempé.

Pour l'ouvrier qui veut obtenir de bons résultats, il est nécessaire qu'il connaisse les aciers qu'il emploie et se fixe après l'épreuve, sur les couleurs qui conviennent à chacun d'eux.

7° — Voici quelques exemples de trempes des différents aciers que l'on emploie

1°. — HACHES DE BUCHERONS
FAITES AVEC DE L'ACIER DE STYRIE

Faire chauffer au rouge brun pour la trempe à l'eau, à la couleur d'eau pour le recuit.

Faire chauffer au rouge cerise pour la trempe au suif, à la couleur bleu clair pour le recuit.

2° — BÊCHES
FAITES AVEC DE L'ACIER DE RIVES-AU-BOIS

Faire chauffer au rouge cerise pour la trempe aux couleurs, violette ou pourpre pour le recuit, selon que le terrain à travailler est pierreux ou ne l'est pas.

3° — TARRIÈRES
FAITES AVEC DE L'ACIER A 4 ANCRES

Faire chauffer au rouge brun pour la trempe, au bleu clair pour le recuit.

4° — PLANES
FAITES AVEC DE L'ACIER FONDU ANGLAIS

Faire chauffer au rouge brun pour la trempe dans le suif ou l'eau de savon, bleu foncé pour le recuit ; afin d'éviter de faire casser cet outil en le trempant, on plonge dans le bain la côte la première.

5° — SERPES
FAITES AVEC DE L'ACIER A 4 ANCRES

Faire chauffer au rouge cerise et tremper à l'eau le dos le premier, recuire au bleu foncé.

6° — HACHE A MAIN, HERMINETTE DE CHARRON
FAITES AVEC DE L'ACIER DE STYRIE

Faire chauffer au rouge-bleu pour la trempe à l'eau, au bleu clair pour le recuit ; au rouge-cerise pour la trempe au suif, bleu foncé pour le recuit.

7° — MASSETTES DE CASSE-CAILLOUX
EN ACIER FONDU

Faire chauffer au rouge cerise, refroidir dans l'eau jusqu'à l'œil et les passer sur le feu jusqu'au moment où la massette fasse fondre la corne de bouc.

8° MARTEAUX A FRAPPER DEVANT ET MARTEAUX A MAIN
EN ACIER FONDU D'ALLEMAGNE

Faire chauffer au rouge clair, tourner la partie à tremper dessus et au niveau de l'eau, et en répandre dessus avec un arrosoir que l'on tient élevé aussi haut que l'on peut.

S'ils sont faits en acier de Rives, faire chauffer au rouge blanc, plonger dans le prussiate de potasse et arroser dessus avec de l'eau salée.

9° — RESSORTS A BOUDINS, PLATS, A PINCETTES, A CHEVILLES, etc.

Faire chauffer au rouge — cerise, tremper dans l'huile et remuers jusqu'à refroidissement. Ensuite, promener également dans toutes ses parties la pièce imprégnée d'huile, sur un feu clair. Quand l'huile s'enflamme, plonger lentement la pièce dans l'eau.

10° — ALÉZOIRS

Pour éviter qu'ils se gauchissent il faut les enduire de blanc et les tremper verticalement dans l'eau. Sérieusement observer en les trempant, de les descendre très lentement et graduellement. Si l'opération est pratiquée telle, l'acier n'aura pas travaillé.

8°. — Trempes dites au revient

Pour cette trempe, il faut chauffer plus loin que l'on ne veut tremper pour conserver assez de chaleur, afin de laisser revenir à la couleur voulue sans avoir besoin de remettre sur le feu.

1° — TÊTUS DE TAILLEURS DE PIERRES
EN ACIER FONDU DOUX OU EN ACIER D'ALLEMAGNE.

Faire chauffer au rouge, plonger 2 cent. dans l'eau, retirer quand le bout ne l'absorbe plus et laisser revenir couleur pourpre.

2° — CISEAUX DE TAILLEURS DE PIERRES
EN ACIER FONDU

Faire chauffer au rouge — brun, plonger 1 cent. dans l'eau, et laisser revenir couleur bleu foncé.

Toutes les fois que l'on forge un outil plat que l'on ne doit pas ressuer, et surtout l'acier fondu, il faut éviter de le frapper sur le champ et surtout ne jamais le refouler.

3º — PICS DE TERRASSIERS
EN ACIER DE RIVES

Faire chauffer au rouge — clair, plonger 5 cent. dans l'eau et laisser revenir couleur gorge de pigeon.

4º — MARTEAUX POINTUS POUR MOULINS
EN ACIER FONDU

Faire chauffer le plus au rouge brun, plonger dans l'eau 3 ou 4 millimètres, laisser essuyer celle-ci, et les remettre dedans.

5º — MARTEAUX PLATS POUR MOULINS

On prend 2 kilog. de suif de mouton.

150 grammes de prussiate de potasse et 200 grammes de cendres de vieux cuir, on fait bouillir pendant 20 minutes et on laisse refroidir.

Faire chauffer le marteau au rouge — brun, et tremper un cent. dans cette combinaison ; le réchauffer au même degré et le tremper dans l'eau additionnée de 5 gr. d'amidon et de 5 gr. de farine de Riz par litre.

9ᵉ. — Trempe à Paquet
C'EST A DIRE DONNER AU FER LA DURETÉ DE L'ACIER TREMPÉ

La trempe à paquet peut-être utile dans de nombreux cas, soit pour les coussinets de filières et tarauds en fer, qui sont préférables à ceux d'acier et dont j'engage l'emploi parce que d'un côté, ils cassent moins; d'un autre ils sont bien plus faciles à ajuster et à évider.

Cette trempe sert aussi pour diverses pièces d'armurerie et de balancerie.

La trempe à paquet est préparée de beaucoup de manières, qui reviennent presque toutes à reproduire le même effet.

Voici la manière dont je prépare l'ingrédient destiné à cette trempe. Ses effets sont immanquables.

Voici les matières employées :

Suie de cheminée	2 parties
Savate brûlée	1 id.
Sel de cuisine	1{2 id.

On pulvérise les trois matières ensemble, ensuite on y ajoute de l'urine pour former une pâte dure.

Pour s'en servir on roule une tôle épaisse en forme de cylindre creux ; on bouche l'une des extrémités avec de la terre ; on place les pièces à tremper dans le cylindre en ayant soin qu'elles soient bien entourées et séparées les unes des autres par l'ingrédient.

Quand le tout est ainsi préparé, on bouche la boîte et l'on entoure le tout avec de la terre broyée, avec laquelle on mélange, pour l'empêcher de se fondre, un peu de crottin de cheval.

On poudre le tout avec du fraisil pour empêcher la terre d'adhérer au charbon.

Puis on prépare un bon feu, en ayant soin de bien garnir le dessous, afin que le vent du soufflet n'atteigne pas la boîte.

Mais comme la terre est mouillée, il est bon une fois dans le feu, de l'entourer de petits copeaux de bois pour favoriser l'éclairage du charbon frais que l'on met dessus.

Et afin de conserver la voûte de feu, on tient le charbon mouillé on chauffe vivement jusqu'au moment où la terre soit cuite. Il faut avoir soin pour que la cuisson soit égale de tourner la boîte de temps en temps.

Quand la terre est cuite, on continue à chauffer mais lentement.

Il faut au moins 3 heures de cuisson pour les outils de dimensions ordinaires.

Une fois la boîte arrivée au rouge, blanc—il faut l'y maintenir, car en élevant la température à un plus haut degré, on risquerait de faire fondre le tout. Quand la cuisson est terminée, on débouche la boîte on en retire les pièces séparément et on les trempe dans l'eau à laquelle on additionne 50 gr. de sel par litre.

L'opération est terminée car on ne donne point de recuit à cette trempe.

10° — Du corroyage de l'acier avec le fer

DE L'ACIÉRAGE ENTRE DEUX FERS

Le corroyage est l'opération la plus délicate de la taillanderie ; on peut revenir sur la trempe, mais si l'acier est trop chauffé, l'outil est perdu sans retour.

Donc, quand on veut bien corroyer un outil il faut approprier le fer et l'acier, ne point laisser paraître les coups de marteau et surtout bien ajuster les pièces ; sans ces précautions, il pourrait se former des gonfles, dites chambres à louer, qui, par suite s'ouvrent et obligent l'ouvrier à les percer et à réchauffer l'outil, ce qui détériore toujours l'outil et l'acier.

Quand la pièce à corroyer est préparée, on la met au feu qu'on aura bien garni avec du charbon recuit, on tiendra mouillé le charbon frais qui forme la voûte, mais en évitant qu'il tombe sur la pièce à corroyer.

En chauffant, il faut avoir soin de poudrer l'acier avec de la poudre préparée spécialement pour chaque espèce.

On commence le corroyage par un bout et on fait suivre les chaudes, sans laisser d'espace non soudés entre elles ; une fois corroyé, on donne un petit suant et bien poudrer sur la partie destinée au tranchant. Cela sert à remettre l'acier dans son état ordinaire.

Ensuite, on donne à l'outil la forme qu'il doit avoir.

De l'aciérage à planche

L'aciérage à planche demande encore plus de soin que le précédent : l'acier chauffé à nu risque mieux d'être détérioré et d'avoir des pattes de mouches. Il y a un moyen bien simple pour parer à ces inconvénients :

On prépare la mise d'acier, sur laquelle on met une feuille de papier mouillé que l'on recouvre de terre glaise clairement délayée.

Et pour empêcher la poudre d'adhérer au charbon, on la poudre légèrement avec du fraisil, on forme ainsi une espèce de mise qui empêche le contact direct avec le feu. Il faut aussi bien garnir le feu dessous afin que le vent du soufflet n'atteigne pas la pièce à forger, qui noircirait plutôt qu'elle ne chaufferait.

On couvre le dessus en évitant de déranger la mise, puis on chauffe en surveillant le dessous ; quand la pièce est chaude à point, on la retire et on frappe sur la terre à coups légers mais précipités. Quand on a donné sur toute la mise et que la pièce est encore suante, on pousse la terre avec le marteau et on continue à frapper plus fort.

De cette manière, on arrive facilement, si la pièce n'est pas trop longue, à la souder d'une seule chaude.

Si l'on veut souder de l'acier fondu, on poudre la mise avant de mettre le papier sur la terre.

Terres à employer pour le corroyage de l'acier ordinaire

De la terre à employer, celle de meule est de toutes les terres, la meilleure pour le corroyage de l'acier ordinaire.

Mais tous les ouvriers n'en font pas assez, pour ne se servir que de celle-ci.

On emploie alors la terre glaise, cette terre est très bonne, mais pour qu'elle produise meilleur effet, il faut y mélanger, surtout pour les aciers difficiles, un peu de limaille de fer et du borax.

Vernis pour préserver le fer de la rouille

On forme un mélange liquide de 180 gr. d'alcool avec 120 gr. d'essence de thérébentine ; à ce mélange on ajoute 130 gr. de sandaraque, 120 gr. de colophane et 60 gr. de gomme laque, on fait chauffer ce mélange sur un feu lent, on le remue jusqu'à fusion complète.

On enduit à froid, avec un pinceau, les objets à préserver de la rouille.

Avec ce vernis, on peut tenir propres tous les objets en fer, tels que : étaux, filières, machine à percer.

Ce vernis se conserve indéfiniment.

COMPOSITION D'ALLIAGES
Les plus intéressants par parties

	CUIVRE	ÉTAIN	ZINC	PLOMB	FER	OBSERVATION
Bronze des canons...........	100	» 8 à 11	»	»	»	
— des cloches	78	22	»	»	»	
— des —	80	20	»	»	»	
— des cymbales........	80	22	»	»	»	
— des —	75	25	»	»	»	
— des miroirs..........	67	33	»	»	»	Traces d'Arsenic
Bronze. Statues antiques grecques...............	86	14	»	»	»	
Bronze des statues antiques grecques...........	90	10	»	»	»	
Bronze. Ustensiles antiques..	90	10	»	»	»	
— Égyptiens —	91	9	»	»	»	
— Pour pendules set.\.	82	3	18	1,5	»	
— — — C...	80	4	12	2	»	

	CUIVRE	ÉTAIN	ZINC	PLOMB	FER	OBSERVATION
(SUITE)						
Bronze des statues de Versailles (frères Keller.	91	1.7	5,53	1,39	»	
— De médailles modernes	99	1	»	»	»	
— — —	99	5	»	»	»	
— Pour pièces de machines	75	10	12	3	»	
— Pour coussinets......	73,60	9.50	9,09	7	»	
Laiton pour martelage.......	70	»	30	»	»	
— Dit arcol T..........	80	»	20	»	»	
— de chaudronnerie.....	70.29	17	29.26	0,28	»	
— —	65.80	0,20	31.80	2,20	»	
— Pour le tour.........	64,60	0,20	34.70	1,50	»	
— Pour fils............	64.20	0,40	35	0.40	»	
— Pour doreurs........	63,70	2,50	33,55	0,25	»	
— Pour horlogers.......	60	1,3	37	»	0,7	
— — —	66	1,4	31	»	0,7	
— Pour armuriers.......	80	3	17	»	»	
— Pour doublage........	60	1	34	»	»	
— blanc (composition)...	80	»	1	»	1	
Chrysocale..................	90,40	»	8	»	»	
Similor....................	83	6	6	6	»	
—	80,.	6	8	1,60	»	
Tombac rouge..............	97	»	2	»	»	Arsenic 1
— —	91,66	»	8,34	»	»	
— jaune.............	88.88	5,56	5,56	»	»	
— blanc.............	86	»	14	»	»	
Pakfung chinois	57	»	17	»	3	Nikel 23
— français..........	62	»	17	»	»	id. 23
— allemand	50	»	25	»	3	id. 25
Maillechort français...........	50	»	31	»	»	id. 18
— anglais..........	57	»	25	»	3	id. 13
Soudure jaune.............	44	4	49	15	1,5	
— blanche	58	15	29	»	»	
— pour argent........	24	»	16	»	»	Argent 67
— pour ferblantiers...	»	10	»	10	10	»
— pour plombiers.....	»	35	»	65	65	Argent 1
— pour or............	1	»	»	»	»	Or 4

Autre procédé pour préserver le fer
de la rouille, à l'intérieur des Bâtiments

C'est l'humidité de l'air qui à l'intérieur des maisons occasionne l'oxydation des métaux et principalement celle du fer, appelée rouille. Le procédé qui empêche cette humidité de se déposer sur ces corps, est d'abord, d'assécher le plus possible l'air qui la renferme: pour cela, il faut y soumettre des substances très avides d'eau, par exemple de la chaux vive déposée dans un vase à grande surface, et placée au centre de la zone à dessécher; ensuite éloigner les corps naturellement humides et sur lesquels, l'air puiserait une compensation d'humidité que l'on lui aurait retirée.

Avec ce procédé, le fer pourra conserver longtemps son éclat métallique et cela sans l'enduire; la chaleur est aussi un grand agent d'assèchement.

Moyen économique de rafraîchir l'eau
pendant l'Eté

Il est facile de rafraîchir l'eau pendant l'été en exposant à un courant d'air, le vase qui la renferme, et que l'on a préalablement enveloppé d'un linge très humide.

Le froid produit par l'évaporation du liquide dont ce linge est imbibé, se communique au vase et à l'eau qu'il contient.

En Espagne, l'on se sert à cet effet de vases de terre poreux nommés *alcarazas*, qui laissent filtrer à l'extérieur assez d'eau pour suffire à l'évaporation, et que l'on suspend vers le haut d'une porte ouverte.

Bronzage du fer

Pour donner au fer un beau poli et l'apparence du bronze oxidé, il suffit de tremper l'objet dans du soufre fondu mêlé à du noir de fumée.

Pour lui donner l'apparence du cuivre, plongez-le dans une dissolution de vitriol bleu et d'eau.

Pour lui donner l'apparence de l'argent, plongez-le ou dessus une dissolution de mercure et d'acide marin.

14068 TOURS, IMP. DANJARD ET KCP.

USINE A VAPEUR

Appareils DELPEROUX

INGÉNIEUR-INVENTEUR, 13, QUAI DE LA POISSONNERIE
TOURS

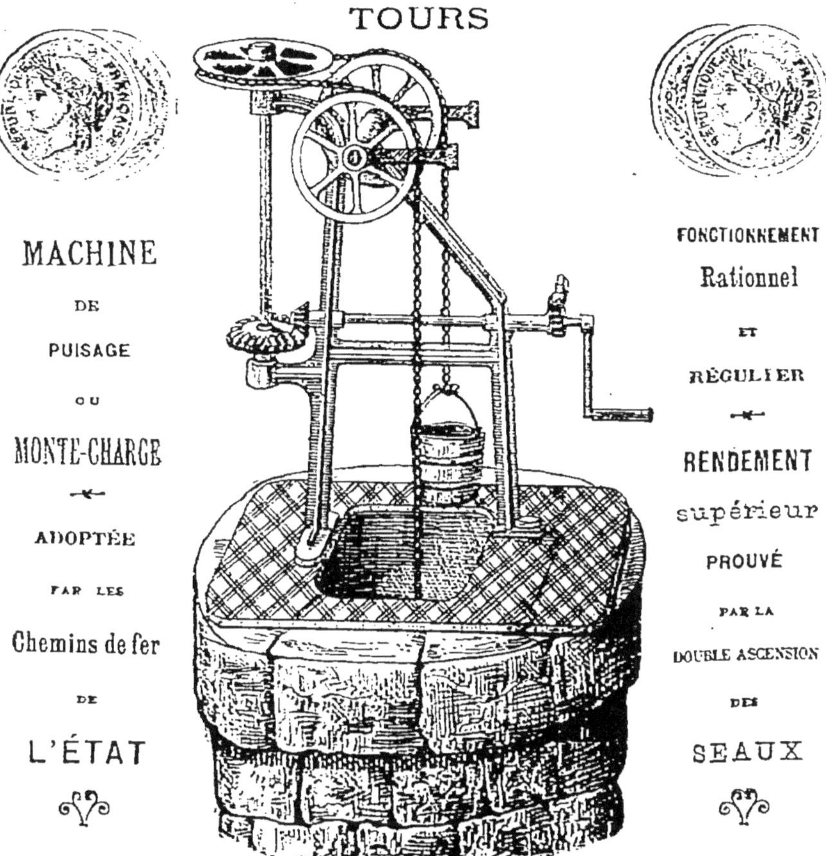

Cette nouvelle machine rejette toutes les défectuosités des pompes. A la vitesse normale, la disposition simple de son mécanisme permet d'obtenir un rendement doublé sur les treuils ordinaires. Elle ne peut être avariée, et l'emplacement de ses organes est étudié de façon à satisfaire tous les besoins et atteindre une durée illimitée.

LOCATION DE MACHINES A VAPEUR

VÉLOCIPÈDES

Vente, Location, Échange et Réparation